Bibliografische Information der Deutschen Nationalbibliothek:

Die Deutsche Bibliothek verzeichnet diese Publikation in der Deutschen National-
bibliografie; detaillierte bibliografische Daten sind im Internet über http://dnb.d-
nb.de/ abrufbar.

Impressum:

Copyright © 2016 GRIN Verlag
Druck und Bindung: Books on Demand GmbH, Norderstedt Germany
ISBN: 9783668747395

Johannes Veeh

Wahl einer optimalen Projektorganisation bei IT-Projekten an einem Fallbeispiel

GRIN Verlag

GRIN - Your knowledge has value

Der GRIN Verlag publiziert seit 1998 wissenschaftliche Arbeiten von Studenten, Hochschullehrern und anderen Akademikern als eBook und gedrucktes Buch. Die Verlagswebsite www.grin.com ist die ideale Plattform zur Veröffentlichung von Hausarbeiten, Abschlussarbeiten, wissenschaftlichen Aufsätzen, Dissertationen und Fachbüchern.

Besuchen Sie uns im Internet:

http://www.grin.com/

http://www.facebook.com/grincom

http://www.twitter.com/grin_com

Johannes Köhler

Assignment:
Projektorganisation –
Wahl einer optimalen Projektorganisation
erstellt am 13.06.2016

Modul: SWE03 – Case-Study: Bewertung eines Software-
Projekts

Inhaltsverzeichnis

Abbildungsverzeichnis

Abkürzungsverzeichnis

BDSG   Bundesdatenschutzgesetz

BetrVG   Betriebsverfassungsgesetz

BildscharbV   Bildschirmarbeitsverordnung

BPersVG   Bundespersonalvertretungsgesetz

EMSA   Elektronische Miet-Service-Administration

LPersVG   Landespersonalvertretungsgesetz

MDM   Mobility Device Management

MSC   Miet- und Service-Center

RoI   Return on Investment

1 Einleitung

1.1 Motivation

Die vollständige SAP-Integration beim Versandhändler Otto, die Ausgabe der Gesund-
heitskarte für alle Versicherten der Krankenkassen oder die Einführung der elektronischen Akte für die Strafjustiz in Berlin: Dies sind nur drei Beispiele für IT-Großprojekte,
die nicht wie geplant vollendet wurden.[1] Untersuchungen der Standish Group im Jahr
2014 haben gezeigt, dass 31,1% der begonnenen Softwareprojekte vorzeitig abgebro-
chen und 52,7% um einiges teurer werden als veranschlagt.[2] Somit liegt der Anteil der
erfolgreichen Einführungen, bei denen das Budget und die zeitliche Vorgabe eingehalten wurde, bei nur 16,2%. Die Kosten für die Wirtschaft sind dabei enorm, da sich Projekte für Unternehmen oft als einmalige unternehmenskritische Aufgaben darstellen, die
Ressourcen binden und sich somit ein Return on Investment (RoI) für die Organisation
ergeben muss.

Die Gründe für diese Probleme bei IT-Projekten sind vielfältig. Neben der man-
gelnden Prozessfähigkeit und Anforderungsanalyse, ist das Organisationsmanagement
ein großer Faktor.[3] Da die Projektorganisationsform ein Erfolgsfaktor für ein erfolgreiches Softwareprojekt sein kann, sind von Anfang an die richtigen Weichen zu stellen.
Diese Arbeit soll daher einen Ansatz für eine erfolgreiche Projektorganisation bieten
und anhand einer Aufgabenstellung einen Praxisbezug herstellen.

1.2 Zielsetzung und Vorgehensweise

Um den optimalen Einsatz der Organisationsform in IT-Projekten in der Praxis aufzu-
zeigen, besteht das Hauptziel der vorliegenden Arbeit darin, die bestmögliche Projektorganisationsform anhand der unter Punkt 1.3 beschriebenen Ausgangssituation für das
Softwareprojekt Elektronische Miet-Service-Administration (EMSA) bei der Firma
Twinhering GmbH[4] anzuwenden. Um dieses Ziel zu erreichen, wird im Kapitel 3 auf die
institutionelle Form des Projekts näher eingegangen. Dabei werden die Fragen geklärt,

---

[1] Vgl. http://www.computerwoche.de/a/gescheiterte-it-projekte,2546218
[2] Vgl. https://www.projectsmart.co.uk/white-papers/chaos-report.pdf
[3] Vgl. Ebert (2012), S. 44
[4] Bei diesem Namen handelt es sich um ein fiktives Unternehmen

wie sich der Lenkungsausschuss und das Projektteam zusammensetzen sollte und welche Aufgaben und welche Stellung der Projektleiter besitzt. Daraufhin geht der Autor der Frage nach, wie die Interessen und Belange der Benutzer des Anwendungssystems im Projektverlauf am besten berücksichtigt werden können.

Zunächst werden im allgemeinen Teil der vorliegenden Arbeit die Merkmale von IT-Projekten beschrieben und Erfolgsfaktoren aufgezeigt. Danach werden die drei möglichen personellen Organisationsformen näher erläutert. In Kapitel 3 geht der Autor auf das Praxisbeispiel ein und stellt eine mögliche Projektorganisationsform für das Softwareprojekt auf, indem er die Zusammensetzung des Lenkungsausschusses, des Projektteams und sowohl die Aufgaben als auch die Stellung des Projektleiters festlegt. Es folgen Möglichkeiten der Beteiligung der Softwareanwender, die das System später einmal nutzen sollen. Abschließend wird die vorliegende Arbeit kurz zusammengefasst und ein Fazit daraus gezogen.

1.3 Ausgangssituation

Die mittelständige Firma Twinhering GmbH ist seit Jahren im Bereich des Groß- und Einzelhandels mit Werkzeugen, Werkzeugmaschinen und Baugeräten tätig. Für den neuen Geschäftsbereich in Form eines Miet- und Service-Centers (MSC) sollen die Abläufe durch eine selbst entwickelte Administrationssoftware verbessert werden. Nach der Initialisierung des IT-Projekts wurde zunächst intensiv an der Planung der Projektphasen und dem Entwurf des Softwaresystems gearbeitet. Allerdings ist es bei der Programmierung und der anschließenden Testphase immer wieder zu Verzögerungen gekommen, da bei den ersten Testversionen unvorhergesehenen Systemfehler und Systemabstürze aufgetreten sind. Ein funktionierendes produktives System ist momentan nicht in Aussicht. Es stellte sich heraus, dass bei diesem Softwareprojekt schwerwiegende Fehler bei der Projektinitialisierung, der Vorstudie, dem Projektstart, der Projektdokumentation, der Projektorganisation und der Projektleitung gemacht wurden. Außerdem gab es Personalwechsel in der Projektphase und diverse Konflikte innerhalb des Projektteams.

2 Grundlagen

2.1 Merkmale von IT-Projekten

Im Allgemeinen grenzen sich Projekte von täglich wiederkehrenden Aufgaben dadurch ab, dass sie ein einmaliges Vorhaben beschreiben, einen Start- und Endzeitpunkt haben und an ihnen Ressourcen gebunden sind. Außerdem ist das Projektziel klar vorgegeben, welches einen gewissen Komplexitätsgrad dadurch aufweist, dass es zur Zielerreichung einiger Organisationsfähigkeit bedarf und es bei der Durchführung zu Konflikten kommen kann.[5]

Das Arbeiten in Projekten ist im IT-Bereich weit verbreitet. Sei es die Entwicklung einer Software, die Einführung eines Mobility Device Management (MDM) oder die Implementierung einer komplexen Netzwerk- oder Speichertechnologie. Durch diese Vielfältigkeit lassen sich IT-Projekte im Wesentlichen durch die Merkmale Aufgabenstellung, Größe/Umfang, Innovationsgrad/Komplexität und Auftraggeber-/ Auftragnehmerverhältnis unterscheiden.[6]

2.2 Erfolgsfaktoren von IT-Projekten

IT-Projekte sind mit Problemen und Risiken verbunden, deshalb sollte der Projektleiter, die Projektmitglieder und der Auftraggeber die typischen Projektrisiken kennen und entsprechend dagegen steuern, um das Scheitern des IT-Projekts zu verhindern. Die Erfolgsfaktoren für ein erfolgreiches Projektmanagement lassen sich dabei in fünf Bereiche einteilen. Eine Auswahl an Erfolgsfaktoren aus diesen Gruppen folgt im nächsten Absatz.

Zu Beginn ist es im Bereich **Projektdefinition** notwendig eine klare Projektzielsetzung für alle Beteiligten festzulegen, um den gewünschten Erfolg am Ende auch messen zu können. Weiter ist bei den **Methoden und Techniken** der Projektarbeit eine angemessene Methodenwahl festzulegen, damit zum Beispiel bei der Ist-Analyse oder beim Soll-Konzept gute Ergebnisse erzielt werden können. Bei den **personellen Aspekten** ist ein einheitliches Rollenverständnis bei allen Beteiligten notwendig und auf

---

[5] Vgl. Geirhos (2011), S. 14
[6] Vgl. Tiemeyer (2014), S. 1 f.

eine ausreichende Fachkompetenz bei den Teammitgliedern und den Entscheidungs-trägern zu achten. Im Bereich **Projektplanung** sind realistische Termine für Meilenstei-ne und Projektende festzulegen und der Ressourcenbedarf richtig zu planen, damit der Zeit- und Finanzplan eingehalten wird. Außerdem ist bei der **Projektdurchführung und -steuerung** darauf zu achten, dass bei auftretenden Problemen angemessen reagiert und der Projektfortschritt entsprechend dokumentiert wird.[7]

2.3 Formen der institutionellen Projektorganisation

„Organisation besteht darin, weder den Dingen ihren Lauf noch den Menschen ihren Willen zu lassen."[8]

Unter der institutionellen Projektorganisation wird das Zusammenwirken aller Mitarbeiter und Führungskräfte des Unternehmens bezeichnet, denen Aufgaben zur Projektrealisierung übertragen wurden. Durch diese Regelungen wird die Arbeit der Projektbeteiligten auf die Projektziele ausgerichtet.[9] Hauptbestandteile einer Projektor-ganisation sind der Auftraggeber eines Projekts, der Projektleiter und das Projektteam. Häufig sind dem Auftraggeber Projektgremien, wie beispielsweise ein Lenkungsaus-schuss, als Unterstützung zur Seite gestellt.[10] Im Allgemeinen kann zwischen den fol-genden drei Formen in IT-Projekten unterschieden werden: Stab-Linien-Projektorganisation, Reine Projektorganisation und Matrix-Projektorganisation. In der Praxis wird allerdings oft eine Mischung dieser drei Grundformen verwendet, um den jeweiligen Anforderungen des Projektvorhabens und der Unternehmenssituation ge-recht zu werden. Im Folgenden werden die drei Organisationsformen vorgestellt.

2.3.1 Stab-Linien-Projektorganisation

Bei dieser Organisationsform, oft auch als Einfluss-Projektorganisation bezeichnet, wird dem Projektleiter die Leitung in Form einer Koordinationsaufgabe als Stab unterhalb der Geschäftsführung übertragen. Die Projektmitarbeiter sind dem Projekt nur funktionell zugeordnet und verbleiben disziplinarisch in ihrer angestammten Organisationseinheit.

---

[7] Vgl. Tiemeyer (2014), S. 4 ff.
[8] Nahr, Helmar (1931 – 1990): Deutscher Mathematiker und Unternehmer
[9] Vgl. Jakoby (2013), S. 93
[10] Vgl. Mertens et al. (2008), S. 25

Da der Projektleiter ihnen gegenüber über keine Weisungsbefugnis verfügt, kann er Maßnahmen nur vorschlagen, über die dann andere Instanzen entscheiden.[11] Neben diesem Stab-Linien-Konflikt sind als weitere Nachteile die Umständlichkeit der Entscheidungsfindung und die mögliche Isolation des Projektleiters zu nennen. Wegen dieser negativen Punkte wird die Stab-Linien-Projektorganisation meistens nur bei wenig komplexen und nicht so umfangreichen Projekten angewandt.[12]

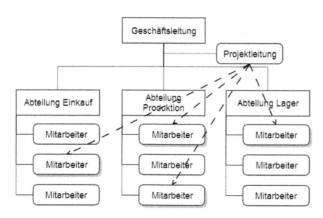

Abbildung 1: Beispielhafter Aufbau einer Stab-Linien-Projektorganisation[13]

2.3.2 Reine Projektorganisation

Bei der reinen Projektorganisation wird das Projektteam in Form einer eigenständigen Organisationsform in die Linienorganisation des Unternehmens eingebunden. Durch das vollständige Herauslösen der Mitglieder aus dem bestehenden System, können sich diese voll auf die Aufgaben des Projekts konzentrieren.[14] Da der Projektleiter dabei die gesamte fachliche und disziplinarische Kompetenz besitzt, trägt er auch die volle Verantwortung für die zu erfüllende Projektaufgabe. Diese Form hat ihre Vorteile bei komplexen Projekten, bei denen mehrere Abteilungen über eine längere Zeitspanne involviert sind oder wenn Mitarbeiter nicht von deren Linienfunktionen entbunden wer-

---

[11] Vgl. Jenny (2001), S. 106
[12] Vgl. Bernecker et al. (2003), S. 75
[13] In Anlehnung an Mertens et al. (2008), S. 27
[14] Vgl. Mertens et al. (2008), S. 28

den können. Zu Problemen kann es hierbei bei der Rückintegration der Personen auf ihre alten Linienstellen kommen.[15]

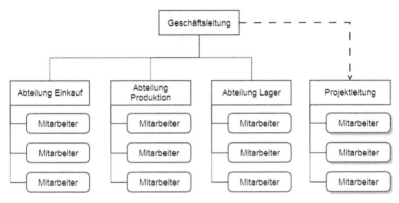

Abbildung 2: Beispielhafter Aufbau einer reinen Projektorganisation[16]

2.3.3 Matrix-Projektorganisation

Die Matrix-Projektorganisation wird bei kurzen und komplexen Innovationsaufgaben angewendet. Sie bildet eine eigenständige und bereichsübergreifende Organisation der Projektaktivitäten, die permanent Projekte mit unterschiedlicher Dauer und personeller Zusammensetzung abwickelt. Die Projektorganisation braucht somit nicht für einzelne Projekte aus der Linienstruktur ausgekoppelt werden. Hauptmerkmal dieses Strukturierungskonzepts ist das ihr zugrundeliegende zweilinige Leitungskonzept, bei dem ein vertikales – funktionsbezogenes – Führungssystem von einem horizontalen – objektbezogenen – überlagert wird. Dies erfordert von allen Beteiligten eine überdurchschnittlich stark ausgeprägte Kommunikations- und Kooperationseignung, ein gutes Konfliktmanagement sowie ein großes Ausmaß an Ungewissheitstoleranz und Rollenflexibilität.[17] Allerdings überwiegen die Vorteile durch die Matrix-Projektorganisation meist, da infolge

---

[15] Vgl. Jenny (2001), S. 105
[16] In Anlehnung an Mertens et al. (2008), S. 28
[17] Vgl. Bernecker et al. (2003), S. 76 f.

6

der Ressourcenverteilung auf die Linien- und Projekttätigkeit eine optimale Kapazitäts-auslastung stattfindet.[18]

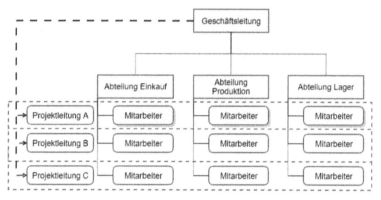

Abbildung 3: Beispielhafter Aufbau einer Matrix-Projektorganisation[19]

3 Institutionelle/personelle Projektorganisation im Fallbei-spiel

Für die bestmögliche Durchführung des Softwareprojekts EMSA bei der Firma Twinhering GmbH wird die im Kapitel 2.3.3 näher beschriebene Matrix-Projektorganisation gewählt. Diese Entscheidung hat den Vorteil, dass für die relativ kurze Projektdauer die Organisationsform dem Projektleiter wichtige Steuerungsmög-lichkeiten bietet, jedoch kein Wechsel des disziplinarischen Vorgesetzten der Projekt-mitarbeiter abverlangt. Ergänzt wird diese Form vom Lenkungsausschuss, der als Ent-scheidungsgremium in diesem Projekt dient. Abbildung 4 stellt die Matrix-Projektorganisation der Firma Twinhering GmbH im MSC-Softwareprojekt dar.

---

[18] Vgl. Jenny (2001), S. 109
[19] In Anlehnung an Mertens et al. (2008), S. 30

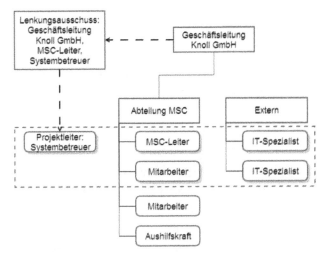

Abbildung 4: Aufbau der Matrix-Projektorganisation im Softwareprojekt EMSA

3.1 Zusammensetzung des Lenkungsausschusses

Der Lenkungsausschuss ist das wichtigste organisationsübergreifende und projektbegleitende Gremium des Softwareprojekts, der das Projekt mit seinen Entscheidungen von Anfang an in die richtige Richtung steuert.[20] Damit das EMSA-Projekt im vorliegendem Fallbeispiel erfolgreich abgeschlossen werden kann, ist es notwendig, dass die Geschäftsleitung der Firma Twinhering GmbH, der Leiter des MSC und der Systembetreuer – in seiner Funktion als Projektleiter – gemeinsam das weitere Vorgehen als Lenkungsausschuss besprechen und danach die Entscheidungen treffen.

3.2 Aufgaben und Stellung des Projektleiters

Der Projektleiter ist für die fach- und termingerechte Abwicklung des Projekts zuständig. Zu seinen Aufgaben gehören alle steuernden, planenden und kontrollierenden Maßnahmen in einem Projekt. Außerdem arbeitet er bei der Lösungsfindung und bei Admi-

---

[20] Vgl. Mertens et al. (2008), S. 44

nistrationsarbeiten mit. Der Projektleiter berichtet dem Lenkungsausschuss in regelmäßigen Abständen über den aktuellen Projektstand.[21]

Da die Stelle des Systembetreuers bei der Twinhering GmbH vor Kurzem neu besetzt wurde, ist es sinnvoll ihn als Projektleiter im EMSA-Projekt einzusetzen. Durch seinen externen Blickwinkel ist er bei vorliegendem Projektstand nicht voreingenommen und kann damit alle Aufgaben zielführend umsetzen. Durch die Verwendung der Matrix-Projektorganisation hat er gegenüber des Projektteams eine fachliche Weisungsbefugnis innerhalb des Projekts. Als Systembetreuer hat er bei der Twinhering GmbH die meiste Erfahrung in der elektronischen Datenverarbeitung. Im vorliegenden Projekt ist er allerdings eher Koordinator zur Einführung des Softwaresystems und nimmt nicht die Position des Softwarespezialisten ein, der die Software selbst programmiert. Hierfür sind die IT-Ressourcen in diesem Unternehmen nicht ausreichend vorhanden. Wenn die Vorstudie zur Softwarefindung diesmal gründlich durchgeführt wird, sollte entweder eine Standard-Lösung auf dem Markt gefunden oder externe Software-Spezialisten zur Programmierung beauftragt werden. Der Projektleiter benötigt somit Fähigkeiten in der Projektmethodik und persönliche Eigenschaften wie Führungsqualität, Teamfähigkeit, Belastbarkeit und Selbstständigkeit.

3.3 Zusammensetzung des Projektteams

Die Mitglieder des Projektteams werden am Anfang des Vorhabens durch den Projektleiter und dem Geschäftsführer ausgewählt. Damit das EMSA-Projekt dieses Mal erfolgreich ist, sollte die Zusammensetzung des Teams währenddessen nicht verändert werden. Die Mitglieder des Projektteams sind mit unterschiedlichen Rollen ausgestattet. Zum einen sind aus dem Informatikbereich externe IT-Spezialisten zu nennen, die ihr technisches Wissen zur Einführung beitragen. Zum anderen ist der Leiter des MSC zu benennen, der hautsächlich die organisatorischen Belange im sozio-technischen Bereich betreut. Außerdem ist aus der MSC-Abteilung ein fachlich sehr gut qualifizierter Mitarbeiter auszuwählen, der seinen Aufgabenbereich im Softwareprojekt vertritt.

---

[21] Vgl. Jenny (2001), S. 120 ff.

4 Interessen und Belange der Mitarbeiter (Benutzer)

4.1 Rechtliche und gesetzliche Grundlagen

Im Rahmen der Einführung von Software in einem Unternehmen entstehen oft neue Computer-Arbeitsplätze, die der Bildschirmarbeitsverordnung (BildscharbV) aus dem Jahr 1996 entsprechen müssen. Oft werden dabei auch betriebliche Prozesse neu eingeführt oder verändert. Dabei müssen die gesetzlichen Mitspracherechte der Arbeitnehmer, sowohl der Beschäftigten des IT-Bereichs als auch der vom IT-Einsatz betroffenen Mitarbeiter, berücksichtigt werden. Die verschiedenen Formen der Mitsprache, wie zum Beispiel Mitbestimmung, Mitwirkung oder Informationsrecht, sind im Betriebsverfassungsgesetz (BetrVG), dem Bundespersonalvertretungsgesetz (BPersVG) und den Landespersonalvertretungsgesetzen (LPersVG) geregelt.[22] Außerdem sollen mit der EMSA-Software personenbezogene Daten von Mitarbeitern und Kunden verarbeitet werden. Hierbei ist das Bundesdatenschutzgesetz (BDSG) zusammen mit den Datenschutzgesetzen der Länder zu berücksichtigen, die das Erheben und Verarbeiten von Daten nur erlauben, wenn eine Rechtsgrundlage gegeben ist oder die betroffene Person ausdrücklich zugestimmt hat.

4.2 Beteiligung im Fallbeispiel

Grundsätzlich müssen die Mitarbeiter und - wenn vorhanden - der Betriebsrat der Twinhering GmbH beim EMSA-Projekt frühzeitig informiert und in die Abläufe mit eingebunden werden, da diese direkt oder indirekt Einfluss auf den Projekterfolg nehmen können. Somit werden von Beginn an Konfliktfelder vermieden und die Mitarbeiter positiv auf das Softwareprojekt eingestimmt. Ob Neuentwicklung oder Kauf einer Standard-Software: Die Mitarbeiter in den Fachabteilungen sind im Projektverlauf anzuhören, da sie die Abläufe der Arbeitsprozesse am besten kennen. Da sich im Projektteam eine Fachkraft aus jeder Abteilung befindet, sind alle betroffenen Mitarbeiter zu jederzeit informiert und können die Entwicklung aktiv mitsteuern.

---

[22] Vgl. Stahlknecht et al. (2002), S. 503

4.3 Beteiligung bei Verwendung von Prototyping als Vorgehensmodell

Zwei Gründe für das vorzeitige Beenden des Softwareprojekts waren die mangelnde Abbildung der Abteilungsabläufe in der Software und die diversen Schnittstellenprobleme zu Standardsoftware. Um diese Problematiken frühzeitig zu erkennen und somit ein erneutes Scheitern des EMSA-Projekts zu verhindern, ist es sinnvoll im vorliegenden IT-Projekt das Prototyping einzusetzen. Dabei kann während der Projektarbeit das Prototyping explorativ, experimentell oder inkrementell erfolgen. Im Rahmen der Durchführung können mehrere Vorgehensweisen vermischt werden.[23]

Im vorliegenden Fallbeispiel sollte hauptsächlich das explorative Prototyping zum Einsatz kommen, bei dem die Funktionsanforderungen vollständig in der Studien- und Konzeptions-Phase spezifiziert werden. Das bedeutet, dass Prozessabläufe und konkrete Arbeitssituationen überprüft und beurteilt werden. Die daraufhin eingesetzten Prototypen stellen eine Basis für die Diskussion zwischen Auftraggeber, Anwendern und Entwicklern über die verschiedenen Lösungsmöglichkeiten dar.[24]

5 Fazit

Ausgehend von den Merkmalen und Erfolgsfaktoren von IT-Projekten wurden daraufhin die drei Formen der institutionellen Projektorganisation näher dargestellt, indem auch jeweils ein beispielhaftes Diagramm aufgezeigt wurde. Im nachfolgenden Kapitel wurde die personelle Projektorganisationsform im Fallbeispiel Twinhering GmbH entwickelt, welche als Ausgangssituation unter Punkt 1.3 beschrieben ist. Es folgt eine Antwort auf die Frage, wie die Belange und Interessen der Benutzer in das Softwareprojekt miteinbezogen werden können.

Das Hauptziel des Autors in der vorliegenden Arbeit bestand darin, die Theorie zur Projektorganisation sinnvoll an einem Praxisbeispiel anzuwenden. Dabei konnte wegen des großen Umfangs nicht auf alle Anforderungen aus der Aufgabenstellung eingegangen werden. Auch wenn es richtig ist, die zukünftigen Benutzer einer Software in den Entwicklungsprozess mit einzubeziehen, ist es für den Projektverlauf wichtig,

---

[23] Vgl. Mertens et al. (2008), S. 80
[24] Vgl. Mertens et al. (2008), S. 81

dass daraufhin der Lenkungsausschuss eine bindende Entscheidung trifft. Außerdem wird am Anfang eines Projekts nicht immer die beste Organisationsform gewählt. Je nach Unternehmenskultur ist in der Praxis auch eine Mischform denkbar. Wichtiger als eine starre Projektorganisation zu definieren, sind die Fachkompetenz und die Motivation der Projektmitarbeiter. Nur wenn sich alle Beteiligten mit ihrer Aufgabe identifizieren, kann das EMSA-Projekt doch noch erfolgreich zum Abschluss gebracht werden.

Literaturverzeichnis

Buchquellen

Bernecker, M.; Eckrich, K. (2003): Handbuch Projektmanagement, Oldenbourg, München

Ebert, C. (2012): Requirements Engineering, in Michael Lang, Sebastian Kammerer, Michael Amberg (2012/Hrsg.) Perfektes IT-Projektmanagement – Best Practices für Ihren Projekterfolg, Symposion, Düsseldorf

Geirhos, M. (2011): IT-Projektmanagement – Was wirklich funktioniert und was nicht, Galileo Press, Bonn

Jakoby, W. (2013): Projektmanagement für Ingenieure – Ein praxisnahes Lehrbuch für den systematischen Projekterfolg, Springer Fachmedien, Wiesbaden

Jenny, B. (2001): Projektmanagement in der Wirtschaftsinformatik, vdf Hochschulverlag, Zürich

Mertens, P.; Wieczorrek, H. (2008): Management von IT-Projekten, Springer, Berlin

Stahlknecht, P.; Hasenkamp, U. (2002): Einführung in die Wirtschaftsinformatik, Springer, Berlin

Tiemeyer, E. (2014): IT-Projekte erfolgreich managen – Handlungsbereiche und Prozesse, in Ernst Tiemeyer (2014/Hrsg.) Handbuch IT-Projektmanagement, Hanser, München

Artikel aus dem Internet

computerwoche.de (2014):
http://www.computerwoche.de/a/gescheiterte-it-projekte,2546218
Abrufdatum: 7. Mai 2016

projectsmart.co.uk (2014):
https://www.projectsmart.co.uk/white-papers/chaos-report.pdf
Abrufdatum: 7. Mai 2016